달리는 쿠키들의 한자 대모험

©Devsisters Corp.

쿠키런 한자런 11

모두의 힘을 합하여
쿠키런 경기를 완주하라!
합할 합!

서울문화사

- **1판 1쇄 발행** | 2017년 6월 23일
- **1판 3쇄 발행** | 2017년 12월 29일
- **글** | 조주희
- **그림** | 이태영
- **감수** | 김장미
- **발행인** | 이정식
- **편집인** | 최원영
- **편집장** | 안예남
- **편집** | 이은정, 오혜환, 최다혜
- **디자인** | 이명헌, 김가희, 최한나
- **출판영업** | 홍성현, 임종현
- **제작** | 이수행, 주진만
- **출력** | 덕일인쇄사
- **인쇄** | 서울교육
- **발행처** | 서울문화사
- **등록일** | 1988. 2. 16
- **등록번호** | 제2-484
- **주소** | 04376 서울특별시 용산구 새창로 221-19
- **전화** | 02)791-0754(판매) 02)799-9171(편집)
- **팩스** | 02)749-4079(판매) 02)799-9334(편집)

ISBN 978-89-263-8440-4
       978-89-263-9810-4 (세트)

〈쿠키런 한자런〉에 실린 글과 만화, 일러스트 등 모든 콘텐츠는 허락 없이 옮겨 쓸 수 없습니다.

달리는 쿠키들의 한자 대모험

쿠키런

한자런

©Devsisters Corp.

서울문화사

감수의 글

'한자'는 국어, 수학, 영어와 같이 여러분이 꼭 배워야 할 과목입니다. 왜일까요?
세종대왕이 한글을 만들기 이전, 우리 조상들은 한자를 사용하여 편지를 쓰고,
시도 쓰고 자신의 생각을 적는 등 실생활에 필요한 모든 내용들을 기록했습니다.
한마디로, 의사소통의 수단이 한자였던 것이지요.

자랑스러운 한글이 만들어져 글을 읽고 쓰기가 편해졌지만,
우리말의 70% 이상은 여전히 한자어로 이루어져 있습니다.
"영희와 나는 운동을 했습니다."라는 문장에서 '운동'은 한자어입니다.
'옮길 운(運)'과 '움직일 동(動)'으로 이뤄진 단어로, '움직이다'라는 뜻이죠.
"소중한 친구에게 편지를 쓰다."라는 문장에서 '소중(所重)'과 '친구(親舊)',
'편지(便紙)'도 모두 한자어입니다.
따라서 한자를 알면 말이나 문장을 더 쉽게 이해하고 글을 잘 쓸 수 있습니다.
"차를 사다."라고 했을 때, 마시는 차(茶, 차 차)일 수도 있고 이동수단인
차(車, 수레 차)일 수도 있습니다. 한자를 알아야 무엇을 가리키는지 명확해집니다.
이렇듯 한자는 의사소통을 쉽게 해 주고, 다른 공부에도 많은 도움을 줍니다.

〈쿠키런 한자런〉은 꼭 알아야 하는 한자를 쉽고 재미있게 배울 수 있는
책입니다. '천 리 길도 한 걸음부터'라는 속담처럼, 이 책을 통해 여러분이 한자에
흥미를 가졌으면 합니다. 무슨 공부든 흥미나 재미가 없으면 성취하기 어렵습니다.
잭을 재미있세 읽는 동안 한자 실력이 쑥쑥 성장하기를 기대합니다.

김장미(봉담중 한문교사)

머리말

한자, 달리기, 놀이동산이 금지된 쿠키나라를 한자로 구하는 초등 쿠키들의 신나는 모험담!

우리가 하는 말 중에는 '쿠키런'처럼 외국말이 섞여 있기도 하고,
'이슬비'처럼 순우리말도 있고, '전력질주'처럼 한자로 된 말도 있어요.
이 중에서 한자는 우리가 쓰는 말의 상당한 부분을 차지하고 있지요.

그렇기 때문에 차근차근 한자를 익히면
처음 접하는 단어의 뜻도 쉽게 알 수 있고,
한자 실력과 함께 이해력과 사고력도 쑥쑥 자란답니다.

〈쿠키런 한자런〉에서 재미있는 이야기를 읽다 보면
여러분도 어느새 한자와 친해지게 될 거예요.
마녀가 금지시킨 한자의 비밀을 알게 된 꼬마 쿠키들이 쿠키나라를
구하기 위해 모험을 떠나는 이야기가 멋지게 펼쳐지거든요.

쿠키 주인공들과 함께 신나는 모험을 펼치며
재미와 감동이 있는 순간,
잊을 수 없는 한자들과 만나 보세요!

우리와 함께
출발~!

등장인물 소개

용감한 쿠키

쿠키 원정대의 대장 쿠키.
크리스탈 도둑 눈설탕맛 쿠키를
잡으려고 쿠키 원정대와 함께
얼음나라에 왔다.

시나몬맛 쿠키

온갖 마술을 할 줄 아는 마술사
쿠키. 과거의 잘못을 뉘우치고
좋은 일을 하고 싶어서 쿠키
원정대를 따라왔다.

명랑한 쿠키

항상 밝고 적극적인 쿠키.
친구들과 어울려 함께
달리는 것을 가장 좋아한다.

눈설탕맛 쿠키

얼음파도의 탑에 갇힌 바다요정 쿠키를
구하기 위해 쿠키 원정대의 크리스탈을
훔친 쿠키. 위기의 상황에서 벗어나기
위해 종종 거짓말을 한다.

코코아맛 쿠키

코코아처럼 검은 마음을 가진
악당 쿠키. 악당으로 변한 자신에게
실망하는 아빠 산타맛 쿠키와 옛
친구들을 보며 씁쓸한 감정을 느낀다.

단팥맛 쿠키

얼음파도의 탑까지 가는
썰매를 끄는 썰매꾼 쿠키.
어릴 적 친구인 코코아맛 쿠키가
얼음나라로 돌아왔다는
사실을 알고 흥분한다.

웨어울프맛 쿠키

위기의 상황에서 거대
늑대로 변신하는 쿠키.
얼음나라 출신이라
추위에 강하다.

바다요정 쿠키

얼음파도의 탑을 쌓다가 탑에 갇혀 얼어붙어 버린 고대 마법사 쿠키. 굴뚝마녀와 맞서 싸울 만한 강력한 힘을 가졌다.

불꽃정령 쿠키

쿠키왕국을 멸망시키려는 강력한 악당 쿠키. 하지만 추위에 약해서 얼음나라에서는 제대로 힘을 발휘하지 못한다.

마카롱맛 쿠키

시나몬맛 쿠키와 함께 다니며 마술 쇼를 돕는 쿠키. 긴장되는 상황에는 항상 가지고 있는 북을 친다.

피겨 여왕맛 쿠키

눈설탕맛 쿠키의 친구. 눈설탕맛 쿠키, 화이트초코 쿠키와 함께 얼음파도의 탑에서 열리는 쿠키런 경기에 참가한다.

박하 사탕맛 쿠키

바다요정 쿠키를 구하기 위해 얼음나라로 온 쿠키. 평상시에는 조용하고 존재감이 없지만 종종 신비한 힘을 발휘한다.

화이트초코 쿠키

눈설탕맛 쿠키에게 속아 얼음파도의 탑에서 열리는 쿠키런 경기에 뛰어든 쿠키. 화이트초코 갑옷으로 비밀을 감추고 있다.

용사맛 쿠키

강력한 힘을 가진 전설의 쿠키. 용맹하고 멋져서 좋아하고 따르는 팬이 많다.

의적맛 쿠키

한복을 입고 옛날 말투를 쓰는 예스러운 쿠키. 정의감이 넘쳐 어려움에 처한 쿠키를 보면 그냥 지나치지 못한다.

산타맛 쿠키

산타호텔의 주인 쿠키. 산타호텔에 많은 손님이 찾아오고 오랜만에 딸인 코코아맛 쿠키까지 만나자 기쁨을 감추지 못한다.

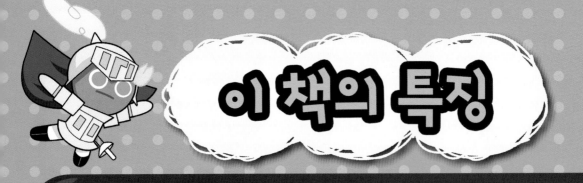

이 책의 특징

① 맥락으로 기억한다!

이 책은 이야기의 맥락과
강하게 연결된 한자 만화로,
흥미진진한 내용을
따라가다 보면
자연스럽게 한자를
익힐 수 있습니다.

② 시각으로 기억한다!

만화 속에서
중요한 장면마다
큰 이미지의 한자가
인상 깊게 등장하여
눈으로 한자를
먼저 기억하게 됩니다.

❸ 기초부터 학습한다!

획이 많고 어려운 뜻의
상급 한자보다는
초등학생이 접하기 쉬운
초급 한자부터
차근차근 배웁니다.

물이 샘솟는
모습을 본뜬 글자인
샘 천(泉)!

❹ 반복해서 기억한다!

만화에서 한자가
여러 번 등장하여
반복 학습이 가능하고,
권말 집중 탐구로
확실히 정리합니다.

11권 한자 집중 탐구

| 5급 案 책상 **안** | 부수 木 나무 목 · 代案 (대안) 어떤 일을 처리하거나 해결하기 위한 계획이나 의견. · 妙案 (묘안) 문제를 해결할 수 있는 뛰어나게 좋은 생각. | 7급 內 안 **내** | 부수 入 들 입 · 內容 (내용) 말, 글, 그림, 영화 등의 줄거리, 또는 그것들로 전하고자 하는 것. · 國內 (국내) 나라의 안. |
| 1급 羞 | 부수 羊 양 양 · 羞恥 (수치) 매우 창피하고 부끄러움. 또는 그런 일. | 3급 恥 | 부수 心 마음 심 · 恥辱 (치욕) 욕되고 창피스러움. |

차례

지난 줄거리

마침내 원시림 경기장의 쿠키런 경기를 완수하고 크리스탈을 얻은 쿠키 원정대! 하지만 기쁨도 잠시, 갑자기 나타난 눈설탕맛 쿠키에게 어렵게 얻은 크리스탈을 빼앗기고 만다. 눈설탕맛 쿠키가 크리스탈을 찾고 싶으면 얼음나라에 있는 얼음파도의 탑에서 열리는 쿠키런 경기에 참여하라고 말하며 도망치자, 쿠키 원정대는 어쩔 수 없이 크리스탈을 되찾으러 얼음나라로 향하는데…!

〈쿠키런 한자런〉
11권에 등장하는 한자

案	內	羞	恥
책상 안	안내	부끄러울 수	부끄러울 치
敵	純	雪	氷
맞설, 원수 적	순수할 순	눈 설	얼음 빙
溫	泉	追	加
따뜻할 온	샘 천	쫓을 추	더할 가
男	女	最	合
남자 남	여자 녀	가장 최	합할 합
利	用	失	敗
이로울 리	쓸 용	잃을 실	패할 패

나도 왔다!

내가 돌아왔다!

오늘 밤, 잠들 수 있을까?

좌아아아

SANTA HOTEL

신난다~

산타호텔 대박 났네!

窠
책상 안

51장

돌아온 코코아맛 쿠키

內
안내

나는 쿠키들을
얼음파도의 탑으로
안내하는
단팥맛 쿠키!

펭귄들아,
저 멀리 얼음파도의
탑이 보이니?

휘이이

예전에는 얼음파도의
탑으로 가는 쿠키들이
눈송이처럼 많았대.

얼음파도의 탑은 얼음나라에서 가장 큰 쿠키런 경기장이거든.

하지만 그곳을 달리는 건 맨발로 빙판을 걷는 것처럼 고통스럽다고 해.

그래서 어떤 쿠키도 탑의 꼭대기까지 오를 수 없었지.

경기에 참여하려는 쿠키들의 수는 점점 줄어들었고

이제 얼음파도의 탑은 아무도 찾지 않는 곳이 되었어.

하지만 나는 아직 희망을 잃지 않았어!

차아아

언젠가 얼음파도의 탑 꼭대기에 오를 쿠키가 나타날 거라는 희망 말이야.

파앗

매서운 추위를 막아 주는 두꺼운 눈찹쌀떡 모자와

차아

튼튼한 눈썰매만 있다면

차아아

나는 언제라도 쿠키들을 얼음파도의 탑까지 데려다 줄 거야.

팟

산타호텔에서 가장 크고 화려한…

딸깍

얼음의 방입니다!

!

얼음나라의 관광 명소인 얼음의 방….

무슨 얼음의 방이야?! 당장 불을 *때 줘!

미끌

미끌

네, 손님!

*때다 : 난로 또는 아궁이에 불을 태우다.

포근한 담요를 덮고

따끈한 수프를 먹으며

창밖의 오로라를 바라보고 있으면

챠아악

천국이 따로 없죠!

와아아

와아

우리의 단잠을 빼앗은 도둑놈들!!

악 악

죄송합니다….

눈설탕맛 쿠키가 여기 있다는 건 비밀로 해야겠어. 싸움이 나면 곤란하니까.

산타맛 쿠키님, 부탁드릴 게 있어요.

박하맛 쿠키?! 아직 있었어?

네?

산타맛 쿠키님, 얼음파도의 탑까지 안내(案內)해 줄 쿠키가 필요해요.

SANTA HOTEL

계속 너희들과 함께했는데….

미안, 워낙 조용해서 몰랐어.

뿌우

안내(案內)란,

나무(木:목)를 편안(安:안)하게 놓아 글을 쓸 수 있게 만든 것을 뜻하는 '책상 안(案)'과

집 안으로 들어가는 모양을 본 뜬 '안 내(內)'가 합쳐진 글자로

어떤 내용을 소개하고 알려 주는 일을 말하지요.

무엇을 안내해 드릴까요?

그러니까, 얼음파도의 탑을 잘 아는 쿠키를 찾는다는 말이군요?

네! 그렇습니다.

얼음파도의 탑은 단팥맛 쿠키가 가장 잘 알고 있지요.

단팥맛 쿠키의 집안이 대대로 쿠키들을 얼음파도의 탑까지 데려다 주는 일을 했거든요.

지금은
얼음파도의 탑에 가는
쿠키들이 없어서 주로
택배 배달을 하고
있지만

택배요!

북쪽의 쿠키들 중
가장 추위에 강하고

사나운 펭귄들이
모는 튼튼한 썰매도
가졌으니

휘이이이

얼음파도의 탑으로
가는 험난한 길도
문제 없을 겁니다.

촤 촤 촤 촤

단팥맛 쿠키를
꼭 만나고 싶어요!

전 바다요정 쿠키님을
구하러 가야 하거든요.

끌썽

그, 그런데 2층의 손님들도 얼음파도의 탑으로 간다고 하더라고요.

눈설탕맛 쿠키 일행 말이야!

두 개의 눈덩이가 공중에서 부딪힌 것 같은 신기한 우연이네요.

큰 싸움이 나겠어!

떡

내일 아침에 단팥맛 쿠키가 오면 잘 이야기 해 보세요.

휙

역시 얼음파도의 탑은 인기가 많구나.

내일 아침 식사는 1층 식당에 뷔페로 준비해 놓겠습니다.

그럼, 반가운 첫눈처럼 좋은 밤 보내시길 바랍니다.

네~

단팥맛 쿠키는
우릴 도와줄 거야.
우린 쿠키왕국을 위해 싸우는
쿠키 원정대(遠征隊)니까.

걱정마~

오늘 밤은
푹 자고 내일 일은
내일 걱정하자!

드르렁

드르렁

드르렁 푸하

드르렁

짝짝 짝

드르렁

둥 둥 둥 으드득

시나몬맛 쿠키와
마카롱맛 쿠키도
시끄러워.

전설의 쿠키님들은
벌써 잠드셨어.

코 고는 소리가
탱크 소리 같아.

오늘 밤, 잠들 수 있을까?

차아아아

SANTA HOTEL

쿠 웅

또 손님이 오셨구나!

탁탁

탁

오늘은 산타 호텔이 생긴 이래 가장 장사가 잘되는 날이야.

휙

푸하하

어서 오십….

벌컥

휘이이이

너, 너는…!

휘이이

아빠, 저예요.

휘이이

내가 꿈을 꾸고 있나?

휘이이

제가 돌아왔어요, 아빠.

감동적인 장면이네요.

감동이고 뭐고 내 머리를 봐! 얼어붙고 있다고!

으앙

치이이

코코아맛 쿠키야!

안녕하십니까, 영감님!

이 분은 불꽃정령 쿠키님, 그리고 저는 악마맛 쿠키입니다.

휘이이

덜덜

저희가 하룻밤 묵을 방을….

당장 나가!

욱

눈처럼 깨끗한 내 딸에게 나쁜 물을 들인 악당들아!

버럭

정말 불쾌하군요. 악당이라니요!

흥!

아빠!

네가 악당 쿠키들과 함께 일한다는 소문은 들었다.

하지만 이젠
아빠가 너를
지켜 주마.

방 값은
이 정도면 되겠나?

철컥

반짝

반짝

최고급 방으로
모시겠습니다! 4층입니다!

후다닥

아빠….
창피해.

손님!!!

콱

이게 무슨 최고급 방이야?!

완전 냉동고잖아!

지긋지긋한 추위! 몽땅 불태워 버릴 테다!

쾅 쾅 쾅

거, 잠 좀 잡시다!

3층 손님이에요.

쿵 쿵 쿵

죄송합니다.

옛날 사진이네요.

얼음처럼 맑고 깨끗했던 시절….

저에겐 붉은 용이 만들어 준 코코아컵이 있어요.

화르르

덕분에 누구와 싸워도 이길 막강한 전투력(戰鬪力)도 생겼지요.

옛날의 코코아맛 쿠키가 아니란 말이에요.

낡은 호텔에서 오지도 않는 손님을 기다리며 살고 싶지 않아요.

휘이이

SANTA HOTEL

추우욱

알았다. 피곤할 텐데 쉬렴.

아빠….

비틀

비틀

나 혼자 이루지 못할 꿈을 꾸었구나.

터벅

터벅

너무나 기쁘고도 슬픈 밤이야.

휘이이이

드르렁

드르렁

SANTA HOTEL

쿵

쿵

쿵

산타맛 쿠키님, 저 왔습니다!

휘이이

우선 따뜻한 붕어빵부터 주시겠어요?

꽥

꽥

꽥 꽥

따끈

따끈

꽤애액

꽥

꽥

눈보라 때문에 좀 힘들었어요.

헉!

드르렁 드르렁

오늘은 손님이 많이 왔나 봐요.

그래. 자네도 내일부터 바쁠 거야.

얼음파도의 탑에 가려는 쿠키들이 잔뜩 왔거든.

얼음파도의 탑으로요?

혹시 쿠키런 경기에 참여할 선수들인가요?

두근 두근

그건 나도 모르지. 하여간 많이 왔어.

선수들이면 좋겠다.

냠냠

그리고 내 딸, 코코아맛 쿠키도 돌아왔다네.

푸우

왜 얼굴이 빨개지는 거야?!

오, 오랜만이라 반가워서 그렇죠.

이런….

코코아맛 쿠키가요?

하지만 코코아맛 쿠키는 악당이 됐어.

이젠 얼음나라에서 살고 싶지도 않대.

냠냠
냠냠
냠냠

그래요?

단팥맛 쿠키, 춥지? 자, 따끈한 코코아 한 잔 마셔.

휘이이

고마워, 코코아맛 쿠키.

눈보라 속에서도 네 코코아를 생각하면 마음이 따뜻해져.

그렇지? 내가 만드는 코코아가 제일 맛있지?

아니. 코코아맛 쿠키, 널 생각하면 마음이 따뜻해진다고.

코코아맛 쿠키가 돌아오다니!

자네도 얼른 잠자리에 들어야지.

스윽

내일 아침 일찍 얼음파도의 탑으로 출발해야 하니까.

네.

획

그나저나 어쩐다…?

탁

탁 탁 탁

3층 손님들과 눈설탕맛 쿠키가 만나지 못하게 막아야 할 텐데.

그리고 내 딸에게서 그 악당들도 떼어 내야지.

탁

탁

내 딸은 내가 지킨다!

SANTA HOTEL

휘이이이

하아암

잘 잤다!
3층 손님들 때문에
잠을 좀 설쳤지만….

하아암

굿모닝!

깜짝이야!

스윽

히익

1층의 식당에서
먹고 싶었는데!

산타호텔의
아침 뷔페는
유명하잖아요.

버럭

안 돼!

놀랐잖아요!

오늘 아침은
특별히 룸서비스로
가져왔네.

오늘은 식당 운영을 안 하니 방에서 먹게나.

척

곧 단팥맛 쿠키의 썰매가 얼음파도의 탑으로 출발할 텐데 서둘러야 하지 않겠어?

뭐, 그렇다면 어쩔 수 없지요.

우당탕

식당으로 가자!

우르르

와아

와

맛있는 뷔페를 먹으러!

왜 3층의 손님들은 식당에서 먹는 거죠?

탁

우리도 식당에서 먹을 거야!

안 돼!!

우르르

똑 똑

누구세요?

철컥

안녕, 코코아맛 쿠키!

세상에, 단팥맛 쿠키구나!

네가 돌아왔다는 얘길 듣고 인사하러 왔어.

응, 일이 있어서 잠깐 들렀어.

무슨 일? 내가 도와줄까?

악당 일이야.

그, 그렇구나.

당황

꼬마 펭귄들이
이렇게 큰 거야?

꽥

꽥

맞아.
많이 컸지?

이젠 날렵하게
썰매도 잘 끌어.

화-악

깡끄

단팥맛 쿠키,
넌 하나도
안 변했구나.

난 이렇게 많이
변했는데…

펭귄들이 나를
기억하나 봐.

꽥

꽥

물론이지.

敵

맞설 적

아뵤!

적들아 덤벼라!
내가
상대해 주마!

羞

부끄러울 수

恥

부끄러울 치

루돌프 코가 밝으니~
썰매를 끌어 주렴~!

푸르르르   푸르르

푸우

썰매를 타고 얼음파도의 탑으로 출발!

아니야,
코코아맛 쿠키도
전혀 안 변했어!

방
방
방

옛날과 똑같아!

똑같이
예뻐….

그럼 나는 이만
4층에 가 볼게.

밤새 친구들이
잘 잤는지
확인해야 하거든.

스윽

친구들?

산타맛 쿠키님이
말한 악당들인가?

휙

식당에서 맛난 아침을 먹자!

우르르

앗!

코코아맛 쿠키?

눈설탕맛 쿠키, 피겨여왕맛 쿠키! 오랜만이야!

이 배신자 (背信者)야!

척

악당들과 손을 잡은
넌, 얼음나라의
수치(羞恥)야!

부끄러울 수(羞)!
부끄러울 치(恥)!
수치(羞恥)는 매우 창피하고
부끄러운 걸 말해.

드세요~
부끄러워요

양(羊)고기를 손에
들고 자꾸(又:우)
권하는 모습을 본뜬
부끄러울 수(羞).

넌 얼음나라
쿠키들을 부끄럽게 한
수치(羞恥)스러운
쿠키야!

부끄러운 마음(心:심)
때문에 귀(耳:이)가
빨개진 모습을 나타낸
부끄러울 치(恥).

부끄러워서
귀가
빨개졌어!

친구에게 어떻게 그런 말을…!

굴뚝마녀님이 쿠키왕국을 정복하면 너희들 모두 감옥에 가둬 버릴 거야!

너야말로 친구를 감옥에 가두겠다니!

우린 이제 친구가 아니라 적(敵)이야!

나무뿌리(商, 밑동 적)를 찍는 모습(攴=攵, 칠 복)을 본뜬 글자로, 원수를 뜻하는

맞설 적, 원수 적(敵)!

두고 봐. 다음엔 친구라고 봐주지 않을 거야.

누가 할 소리!

다들 그만해!

오랜만에 돌아온
코코아맛 쿠키한테
너무하잖아!

꽥

꽥

친구에게
그러면 안 돼!

친구가 아니라
적(敵)이라니까!

꽥

꽥

꽥

나는 코코아맛 쿠키를
믿어. 코코아맛 쿠키는
악당이 아니야.

너는 너무 순수(純粹)하고 순진(純眞)하구나.

순수할 순(純)은

'실 사(糸)'와 소리 역할을 하는 '진칠 둔(屯)'이 합쳐진 글자로 새로 뽑은 실타래처럼 깨끗하고 순수한…

너는 단팥맛 쿠키잖아?

앗!

지금 알았냐…?

널 찾고 있었어! 얼음파도의 탑에 가야 하거든!

아, 너희가 얼음파도의 탑에 가다는 손님이구나.

그런데 얼음파도의 탑엔 왜 가는 거야?

쿠키런 경기에
참여하려고!

정말?

밥 먹고 바로
출발하자!

나는
썰매부터
준비할게!

밥은 안 돼!

산타맛
쿠키님!

아침밥은 됐어!
어서 출발해!

싫어요!
먹고 갈
거예요!

어서 가!
*만년설(萬年雪)같은
고집쟁이들아!

떡

떡 떡

얼음나라엔 눈(雪:설)과
얼음(氷:빙)에 관한
말들이 많구나.

*만년설(萬年雪) : 높은 산꼭대기나 아주 추운 지방에 녹지 않고 항상 쌓여 있는 눈.

비(雨:우)가 얼어서
내린 눈을 빗자루로
쓰는 모양을 본뜬

눈 설(雪)!

물(水:수)에 고드름이
붙은 모양을 나타낸

얼음 빙(氷)!

얼음나라는
춥지만 재미있는
곳이야.

화이트초코
갑옷도
녹지 않아 좋고.

떡

떡

떡

앗, 돈 안 내고 도망가는 손님이다!

어디?!

앗!

속았지요!

쌩

우르르

밥 먹으러 가자!

안 돼!

따뜻하고 고소한 양송이 수프!

단풍 시럽을 듬뿍 뿌린 폭신폭신 핫케이크!

눈처럼 새하얀 생크림 케이크!

입에서 살살 녹는 치즈 케이크!

쪄이익

치즈가 쭉쭉 늘어나는 피자에

달콤 시원한 사과 주스!

노인들도 좋아하는 식혜와 인절미까지!

산타호텔 뷔페 최고!

마음껏 먹으렴!

네, 감사합니다!

둥

잠깐, 너는…?

크리스탈 도둑
눈설탕맛 쿠키!!

너, 너희들은…!

쩽그랑

당장 크리스탈
내놔!

아직 안 돼!

다 다 다 다

모두 달아나!

팍

팍

우르르

아침밥은?

내가 식당에 가지 말랬잖아!

으앙~!

으아아아

단팥맛 쿠키, 지금 당장 얼음파도의 탑으로 출발해!

벌써?

코코아맛 쿠키에게 인사도 못 했는데···.

어서!

팟

액!

산타맛 쿠키님, 단팥맛 쿠키는 어디 있나요?

우리도 어서 썰매를….

후후후

저기 가잖아.

말도 안 돼!

바보들아!

쿠쿠쿠

좌아아아

눈설탕맛 쿠키가 벌써 출발했잖아?

화악

불꽃정령 쿠키님, 어서 일어나세요!

악마맛 쿠키, 일어나!

퍽

퍽

퍽

우리가 자는 걸로 보이니…?

덜덜…

꽁꽁 얼어 붙었잖아?!

꽁

꽁

시간이 없어!

얼른 떠나야 한다고요!

퍽

퍽

쿠
당
탕
탕

철퍽

쿵

으으...

이런...

바다요정 쿠키가
깨어나면
큰일이에요!

질질

코코아컵!

파앗

파츠츠

앗,
뜨거워!

풍덩

가자,
얼음파도의 탑으로!

촤아아

코코아맛
쿠키야.

아, 아빠…!

휘이이

말리지 마세요. 저는 이 일을 해야만 해요.

아니, 도시락을 전해 주려고.

네가 좋아하는 음식만 담았단다.

따끈

아빠….

맛있는 걸 더 많이 해 주고 싶었는데…

너무 빨리 가는구나.

잘 가거라,
내 딸아.

와! 잘 먹겠습니다!

휘이이

손대지 마!
내 거야!

퍽

퍽

퍽

SANTA HOTEL

아빠…

차아

나쁜 딸이라서
죄송해요!

흐흑…

차

차 차 차

뭐지?

누군가가 또 출발했어!

앗!

둥 둥

코코아맛 쿠키의 코코아컵이잖아?!

좌아아

불꽃정령 쿠키와 악마맛 쿠키까지 타고 있어!

모두 산타호텔에 묵고 있었던 거야?!

세상에!

사실 저는…

눈물이 얼어붙었어!

어린이 쿠키들에게 선물을 주던 산타 쿠키였지요.

세상에!

전혀 몰랐어!!

음…

바보들! 이름이 산타맛 쿠키인데 눈치를 못 채다니….

하지만 아내가 병으로 세상을 떠난 후

혼자 어린 딸을 보살피느라 선물 배달이 힘들어졌어요.

휘이

결국, 딸을 위해 산타 일을 그만두고 호텔 운영을 시작했지요.

어쩐지 크리스마스 선물이 안 오더라!

내가 말썽 부려서 못 받은 줄 알았네!

당장 선물 줘요!

나쁜 어린이 쿠키들!

아무튼, 그래서 산타호텔 창고엔 오래된…

끼이익

산타 썰매가 있지요.

쿠궁

엄청나게 크다!

이 썰매를 타고 얼음파도의 탑으로 가세요.

그런데 썰매는 누가 끌지?

웨어울프맛 쿠키?

개썰매…?

무?

퍅

농담이야, 농담!

산타 썰매는 당연히…

파앗

멋진 순록들이 끌어야죠!

푸르르르

푸르르

푸우

코코아맛
쿠키가
제 딸입니다.

그 악당…!

읍!

맞아요.
하지만 원래는
코코아처럼
따뜻한 아이랍니다.

제 딸 코코아맛
쿠키를 무사히
데려와 주세요.

알겠습니다.
걱정 마세요!

크리스탈을 되찾고
코코아맛 쿠키도
데려올게요.

나는 바다요정
쿠키님을
구할 거야!

둥

둥

둥

내가
응원해 줄게!

파도를 얼리는
마술을
배우고 싶다!

그럼 우리
노인들은

휘이

덜덜

산타호텔에서
좀 더 쉬어야…

그게 무슨
소리예요?!

휘이이이

너무 춥단 말이야!!!

추위 때문에 관절염이 *악화됐어.

말도 안 돼요! 우리와 함께 가셔야죠!

그리고 마법사맛 쿠키님은 어린 쿠키의 몸을 가졌잖아요?

맞아, 어려지는 샘물에 빠져서…

뜨끔

마음이 팍삭 늙었다! 왜!

아, 네….

*악화 : 병의 증세가 나빠짐.

얼음파도의 탑에서 펫알을 찾으면 내게 가져와!

욕심쟁이!

휙

스윽

그럼 내가 전설의 쿠키들을 대표해 너희와 함께 하마.

용사맛
쿠키님!

얼음파도의 탑에
갇힌 전설의
바다요정 쿠키님을
구해야지.

용사맛 쿠키님!

둥

둥

척

그리고
크리스탈도
내 손으로
되찾겠어!

와

와아

와아

용사맛 쿠키님만
있다면 걱정 없어!

와

와

용사맛 쿠키님,
최고!

꼬마 쿠키들이
너무 기뻐하는데?

우리에겐
관심도 없군.

확 그냥
따라갈까 보다!

손님들!

산타호텔에는
노인 쿠키들을 위한
온천(溫泉)이 있답니다!

따뜻할 온(溫)!
샘 천(泉)!

따뜻한 샘, 온천(溫泉)이구나!

좋다!

크아아~

溫 따뜻할 온

泉 샘 천

남녀차별을 하는 쿠키는 이 화이트초코 쿠키가 용서하지 않는다!

女 여자 녀

정의의 기사 화이트초코 쿠키!

男 남자 남

53장

따끈따끈 산타 온천

산타 온천에 몸을 담그면 피로가 싹 풀린답니다!

아이고~

온몸이 쑤신다.

온천(溫泉)이다!

휙

휘익

풍덩

풍덩

죄인(囚:수)에게 음식 접시(皿, 그릇 명)를 주는 따뜻한 마음을 나타낸 글자.

따뜻할 온(溫)!

물이 샘솟는 모습을 본뜬 글자인 샘 천(泉)!

따뜻한 샘, 온천(溫泉) 이구나!

좋다!

쿠이이~

하지만 여기엔 추가(追加) 요금이 있어요.

추가(追加)는 나중에 더하여 보태는 걸 말하지요.

고기를 바치러 가는 모양을 본떠 '조상의 영혼을 잘 따르고 섬긴다'는 뜻을 가진 쫓을 추(追).

가자!

힘(力:력)을 써서 물건을 올리는 모양을 본뜬 더할 가(加).

영차!

추가(追加)!

계산서
1,000,000₩

온천 요금은 나중에 떠나실 때 호텔비에 추가(追加)해서 내시면 됩니다.

보자···. 원정대 경비가 얼마나 남았지?

이 가난뱅이들!

파악

고작 이 정도 비용에 벌벌 떨다니!

역시 쿠키왕국 최고 부자, 버터크림 초코쿠키야!

오오오!

그렇다면 최고급(最高級) 코스로 모시겠습니다!

좋았어!

전설의 쿠키님들을 두고 가려니 불안한걸?

SANTA HOTEL

걱정 마. 우리에겐 용사맛 쿠키님이 있잖아!

아니, 전설의 쿠키님들이 남아서 무슨 사고를 칠 것 같단 말이야.

그, 그래. 최대(最大)한 빨리 돌아오자.

우리는 무적의 쿠키 원정대!

척

척

산타썰매를 타고 얼음파도의 탑까지 달려가서

촤아아아

눈설탕맛 쿠키를 혼내주고

빡

잘못했어요.

긴 잠에 빠진 바다요정 쿠키님을 깨우고

박하맛 쿠키!

코코아맛 쿠키와 함께

이젠 착하게 살게!

산타호텔로 무사히 돌아오는 거야!

휘이이

SANTA HOTEL

와

쿠키 원정대!

와아

얼음파도의 탑으로 출발(出發)!

눈보라가 점점 심해져!

얼음파도의 탑 근처엔 늘 눈 폭풍이 몰아쳐서 접근하기 힘들어.

단팥 가문의 남자들만이 얼음파도의 탑까지 가는 썰매를 몰 수 있지.

차아아

남자만 가능해? 여자는 못 한다는 말이야?

째릿

그건 남녀(男女) 차별이야.

차별은 나빠!

차아아

밭에서 일하는 모습을 나타낸 남자 남(男).

손을 앞으로 모으고 무릎을 꿇고 앉은 모습을 본뜬 여자 녀(女).

여자도 힘쓰는 일을 할 수 있어!

얌전히 앉아만 있지 않는다고!

차-아

내 말은…

우리 가문엔 아들밖에 없다는 뜻이었어.

뭐?

차아아

그, 그랬구나.

여자 형제가 있었다면 같이 썰매를 몰았을 거야.

아…

화이트초코 쿠키는 남자지만 여자 편을 드는구나?

역시 정의로운 기사야!

그, 그래. 이게 바로 기사도 정신이야.

차-아아아

그런데 너희들은 왜 얼음파도의 탑에서 열리는 쿠키런 경기에 참여하려는 거야?

차 차 차 차

그곳엔 눈덩이들이 위아래로 굴러 떨어지고

쿵 쿵 쿵

뾰족한 고드름이 창처럼 내리꽂히고

슈우우

쿠키들을 꽁꽁 얼리는 괴물도 있다던데?

뻐억 뻐억

긴 잠에 빠진
바다요정 쿠키님을
깨우기 위해서!

촤아아

저 멀리 남쪽의
쿠키왕국엔 높게 솟은
굴뚝 화산이 있어.

쿠오오오

그 화산이 용암과
검은 연기를 내뿜으며
지구를 뜨겁게 만들지.

콰아아

그래서
얼음나라의 얼음이
점점 녹아내리기
시작했어.

휘이이이

얼음 땅이 줄어들면서
먹이를 구하지 못해
굶어 죽는 북극곰들도
많아지고

얼음이 녹아 바닷물이 늘어나니 남쪽의 섬들도 잠기기 시작했는데

헉!

내 섬!

어떤 쿠키도 이 문제를 심각하게 생각하지 않아.

이대로 가다간 쿠키들이 사는 이 지구가 멸망할 거야.

좌 좌 좌 좌

그러니까 바다요정 쿠키님을 구해야 돼.

굴뚝마녀와 맞서 싸울 수 있는 유일한 분인 바다요정 쿠키님을 말이야!

좌아아

그랬구나.
몰랐어.

그렇다면
더욱더 빨리
얼음파도의 탑으로
가야지!

빠르다!

대단해! 역시
붉은 용이 만들어
준 코코아컵이야!

그런데 날카로운
얼음 조각이
자꾸 날아와!

이건 코코아맛 쿠키의 눈물이에요.

팍

떡

팍

아빠를 생각하며 흘리는 눈물이 얼어붙어서 흩날리는 거라고요.

아니야.

파바박

팍

콧물이야.

떡

으윽

흥!

욱

불꽃정령 쿠키님! 약속은 꼭 지키셔야 해요.

좌

좌

좌

좌

탈탈

굴뚝마녀님이 쿠키왕국을 *폐허로 만들어도

산타호텔만은 지켜 주신다는 약속이요. 그리고 아빠가 다시 산타 일을 할 수 있도록 해 준다는 약속도요.

휘이이이이

휘이이

*폐허 : 건물 등이 파괴되어 못 쓰게 된 터.

당연하지!

나 때문에 좋아하는 산타 일도 그만두시고…. 불쌍한 아빠.

촤아아

나를 위해 다신 산타 썰매에 오르지 않으셨지.

난 내 딸 코코아맛 쿠키를 지켜야 해!

어째시 크리스마스 선불을 주지 않느냐는 원망의 편지를 받으면서도

하아~

차아아

이젠 아빠에게 은혜를 갚고 싶어요.

그런데 코코아맛 쿠키.

쿠키왕국이 멸망하면 어린이 쿠키들도 없어질 텐데, 산타가 무슨 소용일까?

뜨끔

시끄러워!

앗, 제가 또 천사 같은 말을 했나요?

버럭

혹시 내가 잘못 생각한 건 아닐까?

굴뚝마녀에게 속아 좋은 친구들을 적(敵)으로 만든 건 아닐까…?

좌 좌 좌 좌

순록 님, 조금만
빨리 가 주시면
안 될까요?

시간이
없어요.

타닥

타닥

순록 님?

푸르르

순록을
모는 게 이렇게
힘들 줄이야.

엉덩이를
한 대 쳐 볼까?

찰싹

빠악

으아아아아

헉!

이 속도론
얼음파도의 탑까지
일주일은 걸릴 거야.

영화에선
산타 썰매가 막 하늘로
날아다니던데!

짐칸에
이상한 반짝이
가루가 있어.

응?

반짝

시나몬 가루처럼
한번 뿌려 볼까?

척

그런데…

어떻게 조종하는 거지?

산타처럼 해 보자!

어떻게?

척

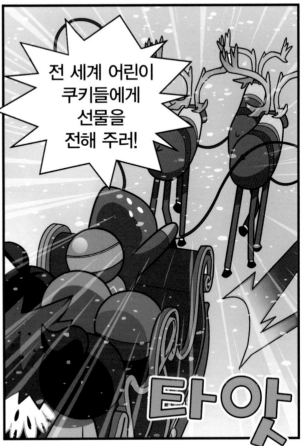

전 세계 어린이 쿠키들에게 선물을 전해 주러!

타얏

호호호

가자, 순록들아!

와….

거대해….

스윽

척

휘이이이

단팥맛 쿠키,
네 덕분에 빨리
도착했어.

고마워!

우리도
도착했다!

챠아아

저건 뭐야?

안녕?

챠악

앗,
뜨거워!

코코아맛 쿠키!

따끈한 코코아 한잔 할래?

휘이

얼음파도의 탑은 우리에게 맡기고.

뭐?

나는 불꽃정령 쿠키다!

난 악마맛 쿠키!

우리는 크리스탈을 빼앗으러어어…

에 에 에 에 에 에

악당 쿠키늘이잖아?

굴뚝마녀의 부하들!

더러워….

…왔다!

어림없다!

흥!

크리스탈은
이 화이트초코
쿠키의 것!

팡

팡

팡

가만두지 않겠….

더러움으로
승부할 생각이냐?!

챙

푹

앗!

홋, 느리군.

화이트초코 쿠키, 멋져!

휘이이

훌쩍

난 그동안 하루도 거르지 않고 연습하며 검술 실력을 갈고 닦았어.

최고의 기사가 되기 위해!

팡

팡

여자인 나도 최고의 기사가 될 수 있다는 걸 보여 주기 위해!

팡

보자 보자
하니까…

불꽃으로
변신했어!

더는
못 참겠다!

저리 가!
귀찮은 것들!

꽝아아아아

꼭대기까지
한 방에
올라가 주마!

역시,
우리 대장님!

크아아

그런데…

훌쩍

너무 높다…!

끝이
안 보여!

꽈아아

추워
죽겠네!

最
가장 최

54장

최고의 무기, 크리스탈!

순식간에 도착했어!

신난다!

눈설탕맛 쿠키!

척

당장 크리스탈을 내놔!

어디 갔지?

응?

벌써 탑 안으로 들어갔지, 바보들아!

버럭

그럼, 우리도 들어가자!

어떻게 우리 아빠의 썰매를 타고 온 거지?

잠깐!

설마, 훔친 거야?

아니야.
빌려 주셨어.

그리고 널 안전하게
데려와 달라고
부탁하셨어.

뭐라고?

우린 먼저
경기장으로 들어갈게.

휙

휘
이
이
이
이

넌 우리의
적(敵)이지만 이번엔
너와 싸우지
않을 거야.

산타맛
쿠키님께 도움을
받았으니까.

웃기지 마!

내가 너흴 가만두지 않을 거야!

잠깐만, 코코아맛 쿠키!

불꽃정령 쿠키님의 상태가 너무 안 좋아.

여긴 어디…? 나는 누구…?

헤~

뿔뿔뿔

넌 여기서 불꽃정령 쿠키님을 돌보고 있어.

내가 경기장으로 들어갈게. 단팥맛 쿠키와 함께!

뭐? 나랑?

넌 얼음파도의 탑에 대해 잘 알지?

휘이이

당연하지! 어릴 때부터 많은 이야기를 들었으니까!

단팥맛 쿠키!

나와 한 팀이 되어
쿠키런 경기에
참여하지 않을래?

휘이이

꽥

꽥

꽥

응?

두근

두근

하지만 난 그저
썰매를 끄는
평범한 쿠키인걸.

넌 위대한
산타의
딸이고….

윽

그렇지 않아!

함께하면 우리는
최강(最强)의
팀이 될 거야!

꽥

꽥

'무엇을 말하다'라는 의미를 가진 '왈(曰)'과

공자 왈 (曰)
맹자 왈 (曰)

귀를 손으로 떼어서 가지는 모습을 나타낸 '가질 취(取)'

옛날에는 전쟁에서 이기면 귀를 잘라 가기도 했대요!

두 글자가 합쳐져 가장, 제일, 최고를 뜻하는 '최(最)'가 되었지.

전쟁에서 이겨 귀들을 모두 가져간다고 전해라!

우리가 최고(最高)야!

휘이이

최강(最强)!
최상(最上)!
최우수(最優秀)!

얼음나라 쿠키의 자존심을 걸고 경기에 참여하는 거야!

두근

두근

우리가 최강(最强)의 팀이 될 거란 말이지?

얼음파도의 탑 앞을 지날 때마다

쿠키런 경기에 참여하는 상상을 해 왔어.

샤방

샤방

그런데 진짜로 코코아맛 쿠키와 함께 달리게 되다니!

꿈만 같아!

좋아! 함께할게!

휘이이이

앗, 추워!

바람이 너무 세!

화이트초코 갑옷이 꽁꽁 얼고 있어.

피겨복이 너무 얇아!

나는 귀마개를 해서 따뜻한데!

자, 잘못했어….

얼음파도의 탑은
100층으로
이루어져 있어.

바다요정
쿠키님은 제일
높은 곳에
계실 거야.

다들 조심해.
눈덩이가 쉴 새 없이
쏟아진다고 했어.

쿵

쿵

쿵

눈덩이다!

휘익

휙

휙

정말 쉴 새
없이 쏟아져!

휘익

그리고
뾰족한 고드름도
화살처럼
날아온대.

하아

하아

하아

핑

피잉

핑

고드름이다!

쉬이이

떡

떡

퍼억

화살처럼
날아와!

그리고 거대한
눈 괴물이…

그만 해!

팍

팍

네가 말할 때마다
무서운 게
나오잖아!

쿵

이번엔
눈 괴물…?

퍼

퍼억

퍽

어쩐지 눈덩이가
불쌍한데?

살살해.

슈우우

파앗

웨어울프맛 쿠키!
괜찮아?

털썩

고드름이 칼같이
날카로워.

핑

피잉

다들 피해!

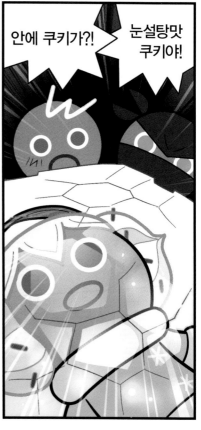

이 크리스탈 도둑!

빡

그런데 누가 얼음으로 만든 거지?

후우웅

얼음이 녹고 있어!

주르륵

주륵

크리스탈이다!

스스스

크리스탈 덕분에 살았다!

으으…

비틀

눈설탕맛 쿠키!

크리스탈 이리 내!

챗!

싫어!

잠깐, 진정해. 크리스탈은 돌려줄게.

대신 내 친구들을 먼저 구하게 해 줘.

그래놓고 또 도망가려고!

떼굴!

크리스틸보단 내 친구들이 소중해.

난 첫눈처럼 깨끗하게…

…사라진단다!

앗!

파바박

즐거운 연주 시간!

둥

둥

둥

살려 줘!

잘못했어.

그래도 내 친구들을 구하게 해 줘.

날 믿고 따라온 친구들을 모른 척 할 순 없어.

번쩍

피겨여왕맛 쿠키!

화이트초코 쿠키!

주르륵

살았다. 영원히 얼음 속에 갇히는 줄 알았어.

덜덜

덜덜

크리스탈은 정말 굉장하구나.

뜨거운 불은 꺼트리고

반짝

차가운 얼음은 녹이는 최고의 무기(武器)야!

맞아. 크리스탈 없이는 얼음파도의 탑 경기를 완주할 수 없어.

반짝

그래서 도둑질을 했던 거야.

경기를 끝내고 바다요정 쿠키님을 구한 뒤엔 크리스탈을 꼭 돌려줄게.

잠깐, 크리스탈은 나에게 주기로 했잖아!

그럼. 걱정 마.

다시 훔치면 되니까!

다 들었어!

욱

버럭

당장 내놔!

잠깐, 우리가 왜 꽁꽁 얼어 있었는지 알아?

무시무시한
눈 괴물의 얼음 광선을
맞았거든.

눈 괴물?

우린 힘을 합(合)쳐
눈 괴물과 싸워야 해.

콱

그릇의 뚜껑과
그릇을 합하는
모양을 본뜬

합할 합(合)!

휙

휙

시나몬맛 쿠키,
뭐 하는 거야?

휙

마술을
하고 있지.

크리스탈부터
내놔!

끈질기네.

크리스탈 바꿔치기 마술!

그럼 이건 얼음덩이…?

획 획

언제 바꿔치기한 거야?!

툭

트릭을 가르쳐 줄까?

둥 둥 둥

내놔!

필요 없어!

파앗

빠르다!

봤지? 내 실력!

응? 이건?

이것이 바로 바꿔치기 마술의 트릭!

주르륵

처음부터 바뀌지 않았지롱~!

뭐?

넌 바꿔치기 당한 줄 알고 진짜 크리스탈을 버린 거야!

헉!

으하하

이게 진짜 크리스탈이야!

이 도둑놈아!

욱

누가 할 소리!

버럭

완전
팬이에요!

용사맛 쿠키님의
이야기를 들으며
꿈을 키웠어요!

쿠키왕국
제일의 기사가
되겠다는 꿈을요!

이렇게
만나게 되다니,
꿈만 같아요!

제 갑옷에
사인해 주세요!

방

빵

용사맛

속

속

이 갑옷, 영원히
간직할 거야!

크리스탈의
주인은 용사맛
쿠키인 것 같아.

인정해,
눈설탕맛 쿠키.

휘이이

우린 같은 목표를 가지고 있잖아.
함께 쿠키런 경기를 완주(完走)하고
바다요정 쿠키님을 구하자.

그래.
네 말이 맞아.

우리
함께하자.

와아

좋았어!

의적맛 쿠키 등장이요!

55장

失
잃을 실

敗
패할 패

난 실패를
모르는
용사맛 쿠키!

깍!

팬이에요!

그런데…

이 얼음덩어리, 쿠키 같지 않아?

굉장히 오래된 얼음인 것 같은데?

크리스탈 검으로 얼음을 녹이지.

용사맛 쿠키님!

치이이

푸하

스스스스

눈 도깨비다! 눈 도깨비!

도깨비?

댁들은 누구요?

우리는 쿠키들인데요.

대답이 *허술한 걸 보니, 많이 못 배운 쿠키들이군.

*허술하다 : 꼼꼼하지 못하고 빈틈이 있다.

옷 입은 꼴도 영…

내 옷이 어때서!

스윽

나의 보호가 필요한 백성들이 틀림없구료.

필요 없어요!

불쌍하도다!

그렇다면 당신은…?

고통 받는 백성들을 구하는 정의의 의적맛 쿠키라오.

파앗

언제 얼음덩어리가 된 거죠?

을미년 여름이었소.

을미년?!

조선시대 방식으로 년도를 센다!

이상한 쿠키야!

*가뭄으로 백성들이 고통을 받고 있기에

커다란 얼음덩이를 가져가서 가뭄을 해결하려 했었소.

휘이이이

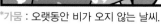

*가뭄 : 오랫동안 비가 오지 않는 날씨.

이리 오너라!
게 아무도 없느냐!

크르르

크르르르

얼음을
가져가도
되겠습니까?

콰아아아

낑

낑

정중하게 부탁하였거늘!
예의 없는 도깨비
같으니!

힝!

말도 안 돼!

얼음을 가지러 이 먼 곳까지 왔다고요? 어떻게요?

왜, 다들 타고 다닐 구름 하나 정도는 가지고 있지 않소?

둥실

!!

구름을 타는 *도술!

선비는 겸손해야 하거늘!

슈우우우

우리를 구름으로 100층까지 데려다 주세요!

풀쩍

휘익

휙

타십시오!

*도술 : 도를 닦아서 얻게 된 능력으로 부리는 기이한 기술.

큰일 날 뻔했구료.

스욱

그리고 보니, *신선들만 구름에 올라탈 수 있다는 얘길 들은 것 같기도 하고….

그런 건 빨리 말해 주셔야죠!

척

척

*신선 : 신기한 능력을 가지고 있다는 상상의 사람.

구름이 참 푹신푹신하네요!

푹신

박하맛 쿠키!

너, 신선이니?

도술 부릴 줄 알아?

아뇨!

박하맛 쿠키는 신비한 힘을 가진 쿠키인가 봐.

그럼 우리들은 펫을 이용해 올라가자!

펫들아, 도와줘!

팟

파앗

펫이라고? 신기하다!

와~

너희들도 너희의 펫을 찾을 수 있을 거야! 쿠키런 경기장에 펫알이 숨겨져 있거든!

휙

휙

휙익

휙

펫은 정말 멋진 친구구나!

휘이이

코코아맛 쿠키,
탑 안은 위험해.

그러니까 내 뒤에 숨어.
내가 너를 지켜 줄게.

찡긋

네가 있어서
정말 든든해.

헤헤헤헤

단팥맛 쿠키….
왜 이렇게 나에게
잘해 주는 거야?

빡

난 널 이용(利用)만 하다가 버릴 텐데.

이용(利用)은 편리하게 쓰는 걸 말해.

벼(禾:화)를 칼(刀:도)로 베면 이익이 생긴다는 뜻의 이로울 리(利).

벼를 수확하면 큰 이익이 생기지

화살을 그릇에 넣는 모습을 본뜬 쓸 용(用).

내가 쓸 화살이야

쏙

단팥맛 쿠키, 넌 나에게 이용(利用)당하는 거라고.

바보!

쿵

쿵

쿵

얼음파도의 탑에서
제일 먼저 나오는
장애물은 눈덩이래.

하지만 뾰족한 철이
박힌 신발로 벽을
타고 올라가면

푹

푹

눈덩이를
피할 수…

툭

툭

눈덩이가 모두
박살났잖아?

두 번째는
정말 위험해.

뾰족한
고드름이
날아올 거거든.

휙

하지만 괜찮아.
고드름도 뚫지 못하는 든든한
찹쌀떡 옷이 있으니까.

척

응?

고드름도 모두 깨져 있어!

먼저 올라간 쿠키들의 실력이 최고(最高)인가 봐.

흥!

그럴 리가!

그렇지만 제일 무서운 눈 괴물이 남았어.

눈 괴물은 얼음 광선을 쏴서 쿠키들을 냉동 쿠키로 만들어 버리거든.

콰아아아

다들 얼음덩어리가 됐을지도 몰라.

그것 참 잘 됐네!

크하하

코코아맛 쿠키, 왜 기뻐하는 거야?

휘이이

만약 얼음덩어리가 됐다면 빨리 얼음나라 병원으로 데려가야 해.

쿠키들을 구해야지.

차아아아

얼음나라 쿠키는 위험에 빠진 쿠키를 모른 척하지 않아.

아니, 내 말은 쿠키들을 구할 수 있어서 잘됐다는 거야.

그랬구나!

난 그것도
모르고!

산타의 딸이
나쁜 마음을
가질 리가 없지.

단팥맛 쿠키 앞에서
착한 척하기 힘들다.

휘이이이

너희 가문은 오래 전부터
이곳으로 쿠키들을 데려다
주는 일을 했지?

응!

경기 완주를 성공(成功)한 쿠키가 있었어?

아니, 모두 실패(失敗)했어.

실패(失敗), 그러니까 뜻대로 되지 않았다는 거지?

손(手:수)에서 새(乙:을)를 놓치는 모습,

앗!

푸드득

혹은 신나게 춤을 추다가 정신을 잃어버린 모습을 나타낸

잃을 실(失)!

소리를 나타내는 '조개 패(貝)'와 회초리로 친다는 뜻의 '칠 복(攵)'이 합쳐진 패할 패(敗)!

졌다

졌어

떡

떡

다들 실패(失敗)하다니…. 시간 낭비만 했구나.

아니야. 실패(失敗)가 모이고 모이면 결국 성공(成功)이 되는걸!

무슨 소리야? 실패(失敗)들이 모이면 대(大)실패(失敗)가 되는 거지!

우리 가문 어른들은 완주에 실패(失敗)한 선수들에게

실패(失敗)한 이유를 많이 들었어.

13층 바닥에서 뾰족한 얼음 창이 튀어나왔어요!

으으...

얼음 덫이 사방에서 죄어 들었어요. 46층이었어요.

털썩

갑자기 천장이 무너지고 바닥이 솟아올랐어요. 73층에서….

철퍽

실패(失敗)한 이야기가 무슨 도움이 되겠어?

아니야.

실패(失敗)한 이야기들을 모두 모으니

얼음파도의 탑의 비밀(秘密)이 보이기 시작했어.

비밀(秘密)?

응. 비밀(秘密)은 숫자에 있었어.

휘이이

숫자?

일(一), 이(二), 삼(三)
같은 숫자 말이야?

응.
10층부터 19층까지는
숫자 일(一),

10·19

20·29

30·39

20층부터 29층까지는
숫자 이(二),

30부터 39층까지는
숫자 삼(三),

40·49

50·59

60·69

이런 식으로 각 층이
사(四), 오(五), 육(六),
칠(七), 팔(八), 구(九)의
숫자와 관련돼.

70·79

80·89

90·99

물론,
마지막 100층은 십(十)에
해당되지.

100

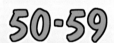

그 숫자들이 뭘 의미하는데?

숫자의 모양에 따라 공격 방향이 달라져.

공격 방향?

'일(一)'에 해당되는 층에서는 바닥에서 장애물이 튀어 올라.

이크

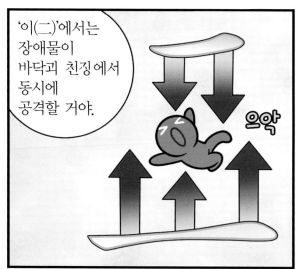

'이(二)'에서는 장애물이 바닥과 천징에서 동시에 공격할 거야.

으악

그럼 '삼(三)'은?

혁

길의 중간에서 장애물이 날아올 거야.

숫자의 모양이 복잡해질수록 공격이 심해질 거야.

그럼 사(四)는? 오(五), 육(六), 칠(七)….

게다가 눈 괴물의 공격까지 피해야 한다고!

이 사실을 앞서 간 쿠키들에게 알려야 할 텐데….

큰 위험에 빠지기 전에 말이야.

여태까지 경기를 완주한 쿠키가 왜 없었는지 알겠어.

10층 도착!

타앗

슈우우

척

척

눈 괴물은 아직까지 나타나지 않았어.

우리 쿠키 원정대가 무서워서 숨은 게 틀림없어.

획

그럼 우린 만만해서 공격 받은 거야?

선비는 겸손해야 하거늘….

눈 괴물이 나타나면 이 크리스탈 검으로 해치워 버리겠어.

까아~

척

용사맛 쿠키님, 최고(最高)!

용사 팬클럽

쿠키런 경기장이 이렇게 평온할 리가 없어.

휙

맞아. 분명히 특별한 장애물이 있을 거야.

ㅋㅋㅋㅋㅋ

바닥이 움직여!

저 얼음 바위
위로 올라가자!

휘익

휙

휙

휙

휴, 살았다.

휴~

하나를
뜻하는 '일(一)'.

10에서 19층까지는
장애물이 바닥에서
솟아올라.

그리고 무시무시한 눈 괴물도 있지.

눈 괴물은 어떻게 생겼어?

눈으로 여러 가지 모양을 만들 수 있잖아?

눈사람도 만들고 눈집도 만들고….

이렇게 눈 괴물은 자기 모습을 다양하게 바꿀 수 있어.

이게 뭐야?

으아아

꺅

헉

꺄아

쿠오오오오

조심해!

쿠오오오

입에서 얼음 광선이 나와!

콰아아아아

명랑한 쿠키!

산타호텔의 코코아는 쿠키왕국 제일이죠!

설마, 독을 탄 건 아니겠지?

꼬마 쿠키들은 잘하고 있을까?

우리만 편안히 있으니 미안한걸?

추워서 얼음덩어리가 된 거 아니야?

핫 하 하 하

SANTA HOTEL

얼음덩어리가 됐음.

꽁 꽁

명랑한 쿠키!

꼬마 쿠키들은 무시무시한 눈 괴물을 물리칠 수 있을까? 12권에서 확인하세요!

5급

案

책상 **안**

부수 木 나무 목

★ 代案 (대안)
어떤 일을 처리하거나
해결하기 위한 계획이나
의견.

★ 妙案 (묘안)
문제를 해결할 수 있는
뛰어나게 좋은 생각.

7급

内

안 **내**

부수 入 들 입

★ 内容 (내용)
말, 글, 그림, 영화 등의
줄거리. 또는 그것들로
전하고자 하는 것.

★ 國内 (국내)
나라의 안.

1급

羞

부끄러울 **수**

부수 羊 양 양

★ 羞恥 (수치)
매우 창피하고 부끄러움.
또는 그런 일.

★ 羞色 (수색)
부끄러운 기색.

3급

恥

부끄러울 **치**

부수 心 마음 심

★ 恥辱 (치욕)
욕되고 창피스러움.

★ 恥部 (치부)
남에게 알리고 싶지 않은
부끄러운 부분.

4급

敵

맞설, 원수 **적**

부수 攵 등글월 문

★ 對敵 (대적)
상대에게 맞서 싸움.

★ 敵兵 (적병)
도둑이나 적의 군대.

4급

순수할 **순**

부수 糸 실사 변

★ 單純 (단순)
복잡하지 않고 간단한 것.

★ 純粹 (순수)
① 다른 것이 전혀 섞이지
않음.
② 개인적인 욕심이나
못된 생각이 없음.

6급

雪

눈 **설**

부수 雨 비 우

★ 暴雪 (폭설)
갑지기 많이 내리는 눈.

★ 雪原 (설원)
눈이 덮인 땅.

5급

氷

얼음 **빙**

부수 水 물 수

★ 氷板 (빙판)
물이나 눈이 얼어서 딱딱
하고 미끄럽게 된 바닥.

★ 氷菓 (빙과)
얼음과자.

6급	부수 氵 삼수변
溫 따뜻할 온	★ 氣溫 (기온) 대기의 온도. ★ 溫室 (온실) 난방 장치를 한 방.

4급	부수 水 물 수
泉 샘 천	★ 源泉 (원천) 물이 흘러나오기 시작하는 곳. ★ 溫泉 (온천) 지열로 뜨겁게 데워진 지하수가 솟아 나오는 샘.

3급	부수 辶 책받침
追 쫓을 추	★ 追從 (추종) 남의 뒤를 따라감. ★ 追求 (추구) 목적을 이루기 위해 계속 따르며 구함.

5급	부수 力 힘 력
加 더할 가	★ 加熱 (가열) 어떤 물질에 뜨거운 열을 가함. ★ 加害 (가해) 물리적으로나 정신적으로 다른 사람에게 해를 줌.

7급	부수 田 밭 전
男 남자 남	★ 男妹 (남매) 한 부모가 낳은 남자와 여자 형제. ★ 美男 (미남) 얼굴이 잘생긴 남자.

8급	부수 女 여자 녀
女 여자 녀	★ 孝女 (효녀) 부모를 잘 모시어 받드는 딸. ★ 海女 (해녀) 바닷속에 들어가 해삼, 전복, 미역 등을 따는 일을 직업으로 하는 여자.

5급	부수 曰 가로 왈
最 가장 최	★ 最近 (최근) 얼마 되지 않은 지나간 날부터 현재까지의 기간. ★ 最善 (최선) 여럿 가운데서 가장 낫거 나 좋음. 또는 그런 일.

6급	부수 口 입 구
合 합할 합	★ 和合 (화합) 사이좋게 어울림. ★ 合成 (합성) 둘 이상의 것을 합쳐서 하나를 이룸.

★ '부수'란?   부수는 자전(옥편)에서 한자를 찾는 기준이 되는 글자로, 한자의 뜻과 연관이 있어요. 예를 들어 木(나무 목)을 부수로 쓰는 한자의 뜻은 '나무'와 연관이 있지요. 또, 부수에 해당하는 한자가 다른 글자와 만나면 모양이 조금씩 변하기도 해요. 信(믿을 신)의 亻은 人(사람 인)이 변형된 한자예요. 부수의 수는 총 214자입니다.

6급	부수 刂 선칼도방
利 이로울 **리**	★利益 (이익) 물질적으로나 정신적으로 보탬이나 도움이 되는 것. ★利得 (이득) 이익을 얻음. 또는 그 이익.

6급	부수 用 쓸 용
用 쓸 **용**	★活用 (활용) 어떤 대상이 가지고 있는 쓰임이나 능력을 충분히 잘 이용함. ★惡用 (악용) 나쁜 일에 쓰거나 나쁘게 이용함.

6급	부수 大 큰 대
失 잃을 **실**	★失業 (실업) 직업을 잃음. ★失手 (실수) 잘 알지 못하거나 조심하지 않아서 저지르는 잘못.

5급	부수 攵 등글월 문
敗 패할 **패**	★勝敗 (승패) 승리와 패배. ★敗者 (패자) 싸움이나 경기에서 진 사람.

한자 필순의
원칙을 알아보자!

★ '한자의 필순'이란?

: 한자를 보기 좋고 빠르게 쓰기 위해, 쓰는 순서를 정한 것.

🐸 한자의 기본 필순 🐸

❶ 왼쪽에서 오른쪽으로 쓴다.

❷ 위에서 아래로 쓴다.

❸ 가로획과 세로획이 교차될 때는 가로획을 먼저 쓴다.

❹ 삐침과 파임(오른쪽으로 비스듬하게 내려 쓰는 한자)이 만날 때는 삐침을 먼저 쓴다.

❺ 좌우로 대칭되는 형태의 한자는 가운데 부분을 먼저 쓰고 왼쪽, 오른쪽 순서로 쓴다.

❻ 안쪽과 바깥쪽이 있을 때는 바깥쪽을 먼저 쓴다.

❼ 글자 전체를 꿰뚫는 획은 나중에 쓴다.

❽ 오른쪽 위의 점은 맨 나중에 찍는다.

❾ 받침으로 쓰이는 글자 중 走(달릴 주)는 받침을 먼저 쓰고, 辶(쉬엄쉬엄 갈 착)은 받침을 나중에 쓴다.

대출간

인기 크리에이터! 문방구TV
첫 시리즈 탄생!

18가지 꿀잼 유형 상식까지 한 번에!

시바견   새싹이   토끼야   문방구

"방구 아재 문방구 TV"가 보여 주는
별별 친구 유형과 웃음 핵폭탄!

1. 생활 속 상황, 공감 100% 영상툰으로
   재미 UP!
2. 공감 유형 만화 보고,
   나와 친구의 유형까지 체크!
3. 생활 상식 공유하며, 똑똑함도 챙겨 가기!

문방구TV 친구대탐구 1권
독자를 위한 초판 한정 부록 2종 구성!

부록 1
나와 친구의 유형을 탐구하재!
〈유형 체크 카드〉

부록 2   초판 한정
문방구TV 채널구독자 추천!
〈문방구 캐릭터 스티커〉

문방구 TV 친구대탐구 1권은
이렇게 구성되어 있다!

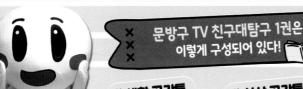

생활 공감툰   # 상상 공감툰   # 핵꿀잼 상식   # 재밌는 놀이

값 12,000원 구입 문의 : 02)791-0754 서울문화사